ΑΠΟΚΤΗΣΗ ΗΓΕΣΙΑΣ

Συμβουλές για να παρακινήσετε και να εμπνεύσετε τα μέλη της ομάδας σας

ΑΠΟΚΤΗΣΗ ΗΓΕΣΙΑΣ

Συμβουλές για να παρακινήσετε και να εμπνεύσετε τα μέλη της ομάδας σας

γραμμένο από Bertrand de Witte
μεταφρασμένο από Lina Sideris

ΑΠΟΚΤΗΣΗ ΗΓΕΣΙΑΣ

- **Το πρόβλημα;** Πώς να γίνετε ένας υποδειγματικός ηγέτης;

- **Γιατί είναι χρήσιμο; Η** απόκτηση ηγετικών ικανοτήτων σας επιτρέπει να αξιοποιήσετε πλήρως τις δυνατότητές σας ως ηγέτης ανθρώπων και έτσι να ενισχύσετε τα κίνητρα των υπαλλήλων σας και να επιτύχετε μεγάλους στόχους.

- **Επαγγελματικό πλαίσιο?** Διαχείριση ομάδων, διαχείριση επιχειρήσεων

- **ΣΥΧΝΕΣ ΕΡΩΤΗΣΕΙΣ?**

  - Ποιες είναι οι 12 βασικές ιδιότητες ενός ηγέτη;

  - Μπορεί ένας διευθυντής να γίνει ηγέτης;

  - Μπορεί ένας ηγέτης να γίνει διευθυντής;

  - Πώς μπορώ να οικοδομήσω εμπιστοσύνη στην ομάδα μου;

  - Πώς μπορώ να αποκαταστήσω το ρόλο μου ως ηγέτη, αν τα παιχνίδια εξουσίας έχουν επικρατήσει στην ομάδα μου;

  - Είναι η άσκηση ηγεσίας χειριστική;

  - Τι πρέπει να κάνει ένας ηγέτης σε έναν οργανισμό όπου η ηγεσία δεν εκτιμάται;

Η ηγεσία εμφανίζεται σε τέσσερις κύριους τομείς: ιδιωτικές εταιρείες, ενώσεις, πολιτική και στρατός. Εδώ θα επικεντρωθούμε στην ηγεσία στις επιχειρήσεις.

Η ηγεσία στον εργασιακό χώρο είναι μια ιδιότητα που εξαρτάται σε μεγάλο βαθμό από την κουλτούρα της εταιρείας. Η ηγεσία εκτιμάται ολοένα και περισσότερο και περιλαμβάνεται πλέον στις περιγραφές θέσεων εργασίας, στις ετήσιες αξιολογήσεις και στα προγράμματα κατάρτισης. Πολλές εταιρείες αναπτύσσουν ηγετικές ικανότητες εντός της διοικητικής τους ομάδας. Οι ίδιοι οι φιλόδοξοι εργαζόμενοι επιδιώκουν να ασκήσουν την επιρροή τους. Η ηγεσία είναι ένα πραγματικό πλεονέκτημα για τον ηγέτη της ομάδας ή για όσους θέλουν να γίνουν.

"Δεν βρίσκομαι εκεί για να δω τι αναφέρουν οι ομάδες μου ή αν λειτουργούν καλά. Βρίσκομαι εκεί για να βεβαιωθώ ότι οι άνθρωποι έχουν κατανοήσει την αποστολή τους, έχουν την εξουσία να πετύχουν, συνεργάζονται καλά και μπορούν να αναπτύξουν τα ταλέντα τους. Κάνουμε δύο έρευνες το χρόνο για να δούμε αν οι διευθυντές είναι μάνατζερ ανθρώπων και αν οι εργαζόμενοι παραμένουν εμπνευσμένοι και παρακινημένοι.

Thierry Geerts – Country Manager – Google Βέλγιο-Λουξεμβούργο

Για να αποφύγετε τα λάθη που θα μπορούσαν να αποβούν επιζήμια για την καριέρα σας, το βιβλίο αυτό σας προσφέρει πολυάριθμες συμβουλές, οι οποίες απεικονίζονται με μαρτυρίες εμπειρογνωμόνων και υπευθύνων λήψης αποφάσεων από μια μεγάλη ποικιλία εταιρειών. Οπλισμένοι με αυτά τα εργαλεία, μπορείτε να βελτιώσετε τις επαγγελματικές σας πρακτικές. Οι ηγετικές σας δεξιότητες θα ενισχυθούν και θα είστε σε θέση να οδηγήσετε μια υγιή και προοδευτική καριέρα. Θα σας κάνουν έναν ηγέτη με αυτοπεποίθηση που θα εκτιμάται από τη (μελλοντική) ομάδα σας.

Σε αυτό το τεύχος εξετάζουμε τις βασικές έννοιες για την κατανόηση της ηγεσίας, όπως εμφανίζεται στις επιχειρήσεις σήμερα. Θα κατανοήσετε πώς η ηγεσία αποτελεί ανταγωνιστικό πλεονέκτημα και ποια είναι η διαφορά μεταξύ διοίκησης και ηγεσίας. Στη συνέχεια θα εξετάσουμε τι κάνει έναν ηγέτη και ποιες δεξιότητες απαιτούνται. Τέλος, θα δούμε ότι υπάρχουν διαφορετικοί τύποι ηγετών και διαφορετικά στυλ ηγεσίας και διαχείρισης ομάδων.

Το υπόλοιπο του βιβλίου είναι αφιερωμένο στην εφαρμογή αυτών των στοιχείων στην πράξη, μέσω συμβουλών, μιας συνεδρίας ερωτήσεων και απαντήσεων και, τέλος, της εφαρμογής μιας μεθόδου για την τόνωση της καριέρας σας, εξελισσόμενοι από επιχειρησιακός διευθυντής σε διευθυντικό στέλεχος.

ΤΑ ΒΑΣΙΚΑ ΣΤΟΙΧΕΙΑ ΕΝΟΣ ΕΜΠΝΕΥΣΜΕΝΟΥ ΗΓΕΤΗ

ΗΓΕΣΙΑ ΣΤΙΣ ΕΠΙΧΕΙΡΗΣΕΙΣ

Ηγεσία και διαχείριση

Οι ρόλοι του ηγέτη και του διευθυντή συχνά συγχέονται, γι' αυτό χρειάζεται μια μικρή διευκρίνιση. Η διάκριση μεταξύ διοίκησης και ηγεσίας έχει γίνει, μεταξύ άλλων, από τον Abraham Zaleznik (1976) και τον John P. Kotter (1999). Τι λένε αυτοί οι δύο συγγραφείς;

- Διοίκηση είναι η χρήση της εξουσίας για τη διαχείριση των πόρων και των περιορισμών προκειμένου να παραχθούν αγαθά ή υπηρεσίες. Συνεπώς, ο διευθυντής θα χρησιμοποιήσει την επίσημη εξουσία του, μια εξουσία που του έχει δοθεί από την ιεραρχία του και επιβεβαιώνεται από την περιγραφή της θέσης εργασίας του: έχει λάβει την εμπιστοσύνη των ανωτέρων του για την εκτέλεση ορισμένων καθηκόντων. Ο διευθυντής διαχειρίζεται την πολυπλοκότητα, οργανώνει και ελέγχει. Μετατρέπει τα προβλήματα σε λύσεις. Σχεδιάζει και διαχειρίζεται την ομάδα του με βραχυπρόθεσμη και μεσοπρόθεσμη λογική. Είναι στο λειτουργικό, στο λειτουργικό. Στη σκέψη του, ο διευθυντής χρησιμοποιεί γενικά ερωτήσεις που αρχίζουν με το "Πώς;

- Η ηγεσία, από την άλλη πλευρά, είναι η ικανότητα άσκησης επιρροής για την επίτευξη στόχων. Ένας ηγέτης είναι ικανός να εμπνέει τους υπαλλήλους του να εμμείνουν σε μια ιδέα ή ένα σχέδιο και να τους κινητοποιεί για την επίτευξη των στόχων που έχουν τεθεί. Έχει ένα μακροπρόθεσμο όραμα το οποίο μοιράζεται και γύρω από το οποίο χτίζει μια ομάδα. Ο ηγέτης αναζητά απαντήσεις σε ερωτήματα που συχνά ξεκινούν με το "Γιατί;

Επομένως, η ηγεσία είναι περισσότερο συναισθηματική από τη διαχείριση. Ο ηγέτης παρακινεί τους υπαλλήλους του δημιουργώντας την αίσθηση του ανήκειν και επιδεικνύοντας αναγνώριση. Διαχειρίζονται επίσης την αλλαγή με επιδεξιότητα, αντιμετωπίζοντας την αβεβαιότητα. Οι ενέργειές του γίνονται παράδειγμα προς μίμηση και εμπνέουν τους υπαλλήλους του να πιστέψουν σε αυτόν και στον εαυτό τους. Μεταφράζει τα πράγματα σε νόημα και συνέπεια. Κάνει τους ανθρώπους να θέλουν να τον ακολουθήσουν επειδή εμπνέει εμπιστοσύνη.

Ωστόσο, η διαχωριστική γραμμή μεταξύ διευθυντή και ηγέτη εξακολουθεί να είναι αρκετά λεπτή. Οι μεγάλοι ηγέτες συνυφαίνουν φυσικά τις διοικητικές και τις ηγετικές τους ικανότητες. Δεν μπορούν να αφαιρέσουν το ένα από το άλλο.

> *"Αντί του όρου 'ηγεσία', προτιμώ τον όρο 'διεύθυνση', ο οποίος συνδέει τις έννοιες της επιρροής, της σχέσης, της ακρόασης, της εξουσίας, της εμπιστοσύνης, της δημιουργικότητας, της ευθυγράμμισης πράξεων και λόγων, της ομαδικής εργασίας, της δράσης, της απόφασης και του προβληματισμού.*

Ηγεσία και εταιρική κουλτούρα

Ένα άτομο με πολλές ηγετικές ικανότητες θα ευδοκιμήσει σε μια εταιρική κουλτούρα που του δίνει πολλά περιθώρια δημιουργικότητας.

Η ηγεσία δύσκολα μπορεί να ασκηθεί σε έναν έντονα τεϋλοριανό οργανισμό, όπου η εργασία είναι κατανεμημένη, τα καθήκοντα είναι απλά και επαναλαμβανόμενα και οι εργαζόμενοι εποπτεύονται από έναν ηγέτη με καταναγκαστική δύναμη, στο πλαίσιο ενός ιδιαίτερα κατευθυντικού συστήματος. Η εξουσία λήψης αποφάσεων συγκεντρώνεται στην κορυφή της ιεραρχίας, αφήνοντας ελάχιστο περιθώριο για πρωτοβουλίες. Ενώ η γραμμή συναρμολόγησης συμβολίζει αυτόν τον τύπο επιχείρησης, πολλοί διευθυντές εξακολουθούν να εκμεταλλεύονται τον τεϋλορισμό στις εργασιακές τους πρακτικές, τόσο στη βιομηχανία και το εμπόριο όσο και στη διοίκηση.

Αντίθετα, οι νεοφυείς επιχειρήσεις, οι λεγόμενες ευέλικτες ή απελευθερωμένες επιχειρήσεις (Getz, 2012), εξελίσσονται λαμβάνοντας υπόψη την αστάθεια και βρίσκοντας γρήγορα καινοτόμες απαντήσεις. Σε αυτό το είδος μοντέλου, η εταιρική κουλτούρα εκτιμά την πρωτοβουλία και την καινοτομία. Η ηγεσία είναι συνεργατική, μοιράζεται σε αυτόνομες ομάδες πιστές στις αξίες και το σκοπό του οργανισμού.

Φυσικά, ανάμεσα σε αυτά τα δύο αντίθετα μοντέλα, υπάρχει η συντριπτική πλειοψηφία των οργανισμών, όπου η ηγεσία εκφράζεται με ποικίλους τρόπους. Επομένως, είναι προς το συμφέρον ενός ηγέτη να βρει μια θέση που του δίνει περιθώριο δράσης και δημιουργικότητας.

Η ηγεσία ως ανταγωνιστικό πλεονέκτημα

Διαθέτετε τεχνικές ή/και διοικητικές δεξιότητες; Για να προχωρήσετε παραπέρα, θα χρειαστείτε επίσης ηγεσία.

Σε έναν μεταβαλλόμενο κόσμο, όπου η προσαρμογή και η καινοτομία σημαίνουν ανταγωνιστικό πλεονέκτημα – ή επιβίωση – οι εταιρείες αναζητούν, περισσότερο από ποτέ, προσωπικότητες ικανές να παράγουν και να ηγούνται στρατηγικών αλλαγών. Σήμερα, η παγκοσμιοποίηση και οι νέες τεχνολογίες μας αναγκάζουν όλους, με τον ένα ή τον άλλο τρόπο, να επανεξετάσουμε τα μοντέλα λειτουργίας μας. Η αλλαγή έχει γίνει αναπόφευκτη και η συχνότητά της όλο και πιο τακτική. Για να παραμείνετε ανταγωνιστικοί, η διαχείριση δεν αρκεί. Οι οργανισμοί, με την ευρύτερη έννοια του όρου, χρειάζονται άνδρες και γυναίκες με δημιουργικότητα για να αντιμετωπίσουν την αβεβαιότητα, να κινητοποιήσουν τους πόρους τους και να δημιουργήσουν νόημα σε φάσεις οργανωτικού μετασχηματισμού ή/και δυσμενών οικονομικών συνθηκών.

👁 ΗΓΕΣΙΑ ΣΤΗ NESTLÉ

Γεννημένη από μια καινοτομία το 1866 και μέσω συνεχούς προσαρμογής, η Nestlé έχει γίνει η κορυφαία εταιρεία παγκοσμίως στη βιομηχανία τροφίμων, ένα ιδιαίτερα ευμετάβλητο περιβάλλον.

Από το 1997, η Nestlé έχει δημοσιεύσει τις "Αρχές Διοίκησης και Ηγεσίας" της ως απτή έκφραση της εταιρικής της κουλτούρας, που πρέπει να εφαρμόζεται από όλους τους εργαζόμενους. Η δημοσίευση καθορίζει τις αξίες, τα κριτήρια ηγεσίας, τις αρχές και τις δεσμεύσεις της διοίκησης του Ομίλου όσον αφορά την ηγεσία.

Συνοπτικά, τα κριτήρια είναι: προσωπική δέσμευση, πρωτοβουλία, ενθάρρυνση, κίνητρα, περιέργεια, καινοτομία, προσαρμογή και διαπολιτισμικότητα. Έτσι, η επιλογή των εσωτερικών υποψηφίων για ανώτερες θέσεις θα εξαρτηθεί από την εφαρμογή αυτών των κριτηρίων, αλλά και από τις επαγγελματικές δεξιότητες, την πρακτική εμπειρία και την αποφασιστικότητά τους να επιτύχουν αποτελέσματα.

Η συνεχής μάθηση επιτρέπει στα άτομα να αναπτύσσονται και να εξελίσσονται ανάλογα με τον τομέα της εξειδίκευσής τους και τις προσωπικές τους δεξιότητες. Η Nestlé ενθαρρύνει τους εργαζόμενους σε όλα τα επίπεδα να συμβάλλουν στην ανάπτυξη της εταιρείας με "βελτιώσεις που θα ωφελήσουν τόσο τα αποτελέσματα της εταιρείας όσο και την προσωπική τους ανάπτυξη".

ΕΙΣΤΕ ΕΠΙΔΟΞΟΣ ΗΓΕΤΗΣ;

Ένας πραγματικός ηγέτης μπορεί να αναγνωριστεί από τέσσερα στοιχεία: τον ρόλο του σε μια ομάδα, το όραμά του, την αύρα του και τις ικανότητες και τα ταλέντα του.

Ρόλος σε μια ομάδα

Ως ηγέτης, αναλαμβάνετε φυσικά το *προβάδισμα*, δηλαδή ηγείστε της ομάδας. Είστε σε θέση να εμψυχώνετε την ομάδα, εισάγοντας παράλληλα καινοτομίες. Με τον ίδιο τρόπο, είστε σε θέση τόσο να αποδιαρθρώσετε καθιερωμένα και συνηθισμένα στοιχεία όσο και να αναδιαρθρώσετε νέες συνθέσεις με τρόπο που να τις καθιστά όσο το δυνατόν πιο νόμιμες. Στόχος σας εδώ είναι να εμπλέξετε τα μέλη της ομάδας σε μια διαδικασία αλλαγής, παρηγορώντας τα. Διευκολύνετε τη μετάβαση από μια (μερικές φορές καθιερωμένη) ζώνη άνεσης σε μια νέα που κρίνεται απαραίτητη. Φροντίζετε ώστε η ομάδα να κινείται μέσα στο δάσος από κλαδί σε κλαδί. Και αν υπάρξει πτώση, ενθαρρύνετε, μέχρι να πειστούν όλοι ότι η διαδικασία πρέπει να συνεχιστεί.

Όραμα

Δείχνετε ηγετική ικανότητα επειδή υπάρχει μια κρίση, ένας σημαντικός στόχος που πρέπει να επιτευχθεί ή κάτι που θέλετε να ξεπεράσετε. Η ηγεσία αναπτύσσεται μέσα στην πρόκληση ενός πλαισίου. Έχετε εντοπίσει τα ζητήματα, αισθάνεστε ανησυχία και δεν μπορείτε να κάνετε αλλιώς: αισθάνεστε υποχρεωμένοι να εμπλακείτε. Ο Γκάντι, ο Λούθερ Κινγκ και ο Μαντέλα είναι παγκοσμίου φήμης ηγέτες που ηγήθηκαν ενός μακροχρόνιου μη βίαιου αγώνα κατά της αδικίας και του ρατσισμού.

Το χάρισμά σας είναι γνωστό στον οργανισμό. Αναρωτηθείτε για τη δημοτικότητά σας: ποιες είναι οι ενέργειές σας, τα διακριτικά σας στοιχεία που συνέβαλαν στη δημιουργία της φήμης σας; Κάθε στιγμή και κάθε ιδιαιτερότητά σας χτίζει την αύρα σας ως ηγέτη. Είστε εκπληκτικοί στις επιδόσεις σας, όπως και στις συνήθειές σας ή στις αντιθέσεις σας. Μερικά επιφανή παραδείγματα: οι διαδοχικές μάχες του Ναπολέοντα, το περίφημο "Σε καταλαβαίνω" του Σαρλ ντε Γκωλ, τα εμβληματικά πούρα του Τσόρτσιλ και του Φιντέλ Κάστρο. Όλοι μπορούμε να πούμε μια ιστορία, μια ιστορία επιτυχίας και να εντοπίσουμε τις ιδιαιτερότητες ενός μεγάλου ηγέτη παγκοσμίου φήμης και ενός ηγέτη που συναντάμε στον κόσμο της εργασίας, επειδή η αύρα του εντυπωσιάζει.

Δεξιότητες και ταλέντα

Η επιτυχία σας είναι άρρηκτα συνδεδεμένη με την επίδειξη των ικανοτήτων σας. Αναγνωρίζεστε ως χαρισματικό άτομο, ως ικανός άνδρας ή γυναίκα, ανεξάρτητα από τον τομέα στον οποίο εκφράζεται αυτή η ικανότητα. Είστε επίσης καλοί στο να περιβάλλετε τον εαυτό σας με άτομα με συμπληρωματικές δεξιότητες. Η τεχνογνωσία σας εμπνέει τους γύρω σας και σας προσδίδει αξιοπιστία. Σήμερα, μπορούμε να αναφέρουμε μεγάλους καινοτόμους στις νέες τεχνολογίες: Steve Jobs (Apple), Larry Page (Google), αλλά και Richard Branson (Virgin Group), Ingvar Kamprad (Ikea), Taiichi Ōno (Toyota Production System), κ.λπ.

⊙ ΕΠΑΓΓΕΛΜΑΤΙΚΕΣ ΚΑΙ ΠΡΟΣΩΠΙΚΕΣ ΔΕΞΙΟΤΗΤΕΣ

Ο ηγέτης πρέπει να συνδυάζει επαγγελματικές και προσωπικές δεξιότητες (Kouzes και Posner, 2012).

- Επαγγελματικές δεξιότητες

  - Ο ηγέτης δείχνει το δρόμο, δηλαδή εξηγεί με σαφήνεια το σκοπό του ταξιδιού: υπάρχει ένα ιδανικό που πρέπει να επιτευχθεί και αξίες που πρέπει να υπερασπιστούν.

  - Εμπνέει ένα κοινό όραμα. Εκφράζει τις υψηλές φιλοδοξίες της και απαντά στο ερώτημα "Τι θέλουμε να γίνουμε;".

  - Ο ηγέτης προσπαθεί να εξηγήσει την τρέχουσα κατάσταση, να μεταφράσει τα πράγματα με δομημένο τρόπο προκειμένου να εντοπίσει ευκαιρίες. Αναπτύσσει μια τακτική.

  - Αναπτύσσει τις προϋποθέσεις για την επιτυχία. Ενθαρρύνει. Πάντα θετικός, είναι ο προπονητής που δίνει συμβουλές και εμπιστοσύνη.

  - Ο ηγέτης βοηθά επίσης, ιδίως σε δύσκολες στιγμές. Εξηγεί ότι όλες οι εργασίες είναι απαραίτητες για την επίτευξη του στόχου και λερώνει τα χέρια του για να ενθαρρύνει. Η υποδειγματικότητα τον διακρίνει από τους οπαδούς του.

- Προσωπικές δεξιότητες

  - Ο ηγέτης έχει εξουσία, τόσο επί των άλλων, τους οποίους επηρεάζει, όσο και επί του οργανισμού, του οποίου είναι ένας από τους κύριους συντελεστές της καινοτομίας ή της διαχείρισης του προσωπικού.

- Είναι αυθεντικός επειδή πιστεύει σε αυτό που κάνει. Επιπλέον, ένας ηγέτης που δεν είναι πιστός στις αξίες του εκτίθεται γρήγορα και απαξιώνεται.

- Είναι νόμιμος, διότι έχει εμπειρία.

- Με το χάρισμά του, καταλαβαίνει, φέρνει τους ανθρώπους κοντά, τους παρακινεί και τους επηρεάζει. Έχει εξαιρετική συναισθηματική νοημοσύνη.

ΟΙ ΔΙΑΦΟΡΕΤΙΚΟΙ ΤΥΠΟΙ ΗΓΕΣΙΑΣ

Τα οκτώ αρχέτυπα ηγέτη (Kets de Vries, 2008)

Σύμφωνα με τον Kets de Vries, η ανάπτυξη της ηγεσίας μπορεί να πάρει οκτώ κατευθύνσεις. Αυτή η τυπολογία σας επιτρέπει να εντοπίσετε το στυλ ηγεσίας σας και να προσδιορίσετε τα δυνατά και αδύνατα σημεία σας. Αυτοί οι διαφορετικοί προσανατολισμοί είναι αθροιστικοί, αλλά λόγω των καταστάσεων στη ζωή σας, κάποιοι θα είναι πιο κυρίαρχοι, ενώ άλλοι πιο υποτονικοί. Ενισχύστε την ηγεσία σας δουλεύοντας πάνω στις αδυναμίες σας.

- **Ηγέτης-κατασκευαστής**: είστε ο αρχιτέκτονας ενός μεγάλου έργου, ακόμη και ενός κολοσσιαίου σχεδίου. Ως μεγάλος οραματιστής, οι φιλοδοξίες σας μπορούν να αλλάξουν τον κόσμο (ακόμη και σε τοπικό επίπεδο) ξεπερνώντας τις προσδοκίες των συγχρόνων σας. Το όραμά σας, συχνά ανθρωπιστικό, βασίζεται σε αξίες.

- **Κοινωνικός ηγέτης**: στόχος σας είναι να δημιουργήσετε αρμονία γύρω σας, να φέρετε τους ανθρώπους κοντά, συνδέοντάς τους με εσάς. Βάζετε τα μέλη της ομάδας να εργαστούν μαζί σε ένα ή περισσότερα έργα- σε αντίθεση με τον επικεφαλής οικοδόμο, εσείς δεν εργάζεστε κυρίως σε ένα μόνο έργο.

- **Επικοινωνιακός ηγέτης**: χωρίς απαραίτητα να είστε δεξιοτέχνης της ρητορικής, εκφράζεστε και αγγίζετε τους ανθρώπους. Μιλάτε άνετα δημόσια και υπερασπίζεστε τις ιδέες σας.

- **Στρατηγικός ηγέτης**: Είστε στρατηγικός ηγέτης όταν είστε σε θέση να επινοείτε διαφορετικές μεθόδους που ταιριάζουν σε κάθε κατάσταση, επιτυγχάνοντας τους στόχους σας παρά τις ενέργειες που έχουν σχεδιαστεί για να διαταράξουν τα σχέδιά σας. Είστε σε θέση να επηρεάζετε και να μετατρέπετε τις καταστάσεις προς όφελός σας.

- **Καταλυτικός ηγέτης**: επιδεικνύετε ηγετική ικανότητα όταν σας βολεύει- είναι ένα πλεονέκτημα για εσάς που μπορεί να σας φέρει πρόσθετη ανάπτυξη, απόδοση και δύναμη.

- **Καινοτόμος ηγέτης**: πρέπει να δημιουργείτε, είναι στη φύση σας. Εξερευνάτε, ανακαλύπτετε, δοκιμάζετε, βελτιώνετε. Κατακτάτε την τεχνική πλευρά των πραγμάτων. Ξεχειλίζετε από δημιουργικότητα και ονειρεύεστε να αναγνωριστείτε ως πρωτοπόροι.

- **Ηγέτης/διαχειριστής**: οι δεξιότητες επιχειρησιακής διαχείρισης συμπληρώνουν την ικανότητά σας να αξιοποιείτε τη δημιουργικότητα και τη συναισθηματική σας νοημοσύνη.

- **Προπονητής-ηγέτης**: πιστεύετε στις ικανότητες κάθε ατόμου και επιδιώκετε να αναπτύξετε τις δυνατότητές του.

Καθοδηγούμενη ηγεσία (Blake και Mouton, 1987)

Ορισμένοι άνθρωποι αισθάνονται πιο άνετα να ηγούνται ομάδων- άλλοι είναι περισσότερο προσανατολισμένοι στην παραγωγή. Από αυτούς τους δύο γενικούς προσανατολισμούς, είναι δυνατόν να προσδιοριστούν πέντε κύριοι τύποι διοίκησης, οι οποίοι περιλαμβάνουν διαφορετικά στυλ ηγεσίας.

- **Αυτοκράτορας**: Έχετε υψηλό ενδιαφέρον για την παραγωγή και χαμηλό ενδιαφέρον για τις ανθρώπινες σχέσεις. Σχεδιάζετε, ελέγχετε και διευθύνετε με έμφαση στις διαδικασίες και τους στόχους. Απαιτείτε υπακοή και τιμωρείτε αν δεν τηρούνται οι κανόνες.

- **Laissez-faire**: καθώς το ενδιαφέρον σας για την παραγωγή είναι χαμηλό και το ενδιαφέρον σας για τις ανθρώπινες σχέσεις είναι χαμηλό, αφήνετε την εξουσία δράσης στα μέλη της ομάδας σας, όντας ικανοποιημένοι με τα αποτελέσματα. Με την αυτορρύθμιση, πιστεύετε ότι η ομάδα θα βρει λύσεις. Αποφεύγετε την ευθύνη και αποκομίζετε τα οφέλη χωρίς δέσμευση. Το στυλ της διοίκησής σας είναι σχεδόν χωρίς ηγεσία: είστε ένα είδος αντι-ηγέτη.

- **Κοινωνικός**: Δίνετε προτεραιότητα στο να τα πηγαίνετε καλά στην ομάδα. Δεν σας απασχολεί υπερβολικά η παραγωγή. Δεν σας αρέσει ο έλεγχος και προτιμάτε να ευχαριστείτε τους άλλους ικανοποιώντας τις ανάγκες τους.

- **Συμβιβασμός** (μεταξύ των δύο αξόνων της παραγωγής και των ανθρώπινων σχέσεων): διαπραγματεύεστε για να επιτύχετε στόχους που είναι εύκολο να επιτευχθούν και διατηρείτε το υγιέστερο δυνατό κοινωνικό κλίμα, ευνοώντας την παρακίνηση αντί να δίνετε εντολές.

- **Ολοκληρωτής**: το ενδιαφέρον σας για την παραγωγή είναι τόσο υψηλό όσο και το ενδιαφέρον σας για τις κοινωνικές σχέσεις. Είστε ένας πολύπλευρος ηγέτης επειδή, καλλιεργώντας ένα κλίμα εμπιστοσύνης, δημιουργείτε πραγματική δέσμευση της ομάδας σας για την επίτευξη των στόχων που έχουν τεθεί. Ενθαρρύνετε και εμπλέκετε την ομάδα σας στη λήψη αποφάσεων τόσο σε λειτουργικό επίπεδο όσο και σε επίπεδο ελέγχου της διαδικασίας.

> *"Στην ING Belgium, δεν είναι μόνο η επίτευξη επιχειρηματικών αποτελεσμάτων που είναι σημαντική. Όλοι οι εργαζόμενοι, καθώς και όλα τα διευθυντικά στελέχη, αξιολογούνται επίσης ως προς το πόσο καλά επιτυγχάνουν αυτά τα αποτελέσματα, δηλαδή ως προς την ικανότητά τους να είναι υπεύθυνοι και αυτόνομοι, να συνεργάζονται και να βοηθούν τους συναδέλφους τους και να είναι ένα βήμα μπροστά όσον αφορά την εξυπηρέτηση των πελατών.*
>
> *"Προκειμένου να εμπνεύσουν τους υπαλλήλους τους να ζήσουν στην πράξη αυτή την εταιρική κουλτούρα, ο ρόλος των ηγετών μας είναι καθοριστικός. Αποτελούν έναν από τους πρώτους φορείς αυτής της θετικής δυναμικής, επειδή η υποδειγματική τους συμπεριφορά παρακινεί τους υπαλλήλους τους.*
>
> *"Συναντώ πολλά διαφορετικά στυλ ηγετών στον οργανισμό. Ένα από τα πιο σημαντικά προσόντα για μένα είναι η αφοσίωσή τους στην ανάπτυξη του οργανισμού και όχι στην υλοποίηση των*

*προσωπικών τους φιλοδοξιών- η εμπιστοσύνη
και η αυτονομία που προσφέρουν στο προσω-
πικό τους- η ικανότητά τους να βοηθούν με πρα-
κτικό τρόπο και να στηρίζουν τις ομάδες τους σε
δύσκολες στιγμές.*

*Catherine Dedobbeleer – Project Manager HR,
Organizational Effectiveness – ING Belgium*

Καθοδήγηση μιας ομάδας προς την κατεύθυνση της αυτονομίας

Το επίπεδο απόδοσης της ομάδας σας εξαρτάται σε μεγάλο βαθμό από το στυλ ηγεσίας σας. Η θεωρία της καταστασιακής ηγεσίας (Paul Hersey και Kenneth H. Blanchard, 1977) θα σας βοηθήσει να πάρετε τις σωστές αποφάσεις με βάση τις μετα-βλητές του πλαισίου. Το στυλ ηγεσίας σας πρέπει να προσαρμό-ζεται στο επίπεδο ωριμότητας του ατόμου ή της ομάδας, ώστε όλοι να μπορούν να αποκτήσουν αυτονομία. Υπάρχουν λοιπόν στάδια στην ωριμότητα της ομάδας και στην ηγεσία σας.

- **Στυλ οδηγίας**. Το πρώτο επίπεδο. Ηγείστε εξηγώντας τι πρέ-πει να κάνετε και πώς να το κάνετε. Παρέχετε πόρους και ανατροφοδότηση. Μιλάτε με όρους οργάνωσης, καθοδή-γησης και ελέγχου.

- **Πειστικό ύφος**. Η εμπιστοσύνη και η επικοινωνία είναι καλύτερες από ό,τι στην προηγούμενη περίπτωση. Εκπαιδεύετε και πείθετε την ομάδα σας κινητοποιώντας πληροφορίες και επιχειρήματα. Οι ιστορίες σας καθοδη-γούν την ομάδα προς έναν στόχο. Διαδηλώνετε, πείθετε και κινητοποιείτε. Θυμηθείτε: δεν υπάρχει τίποτα καλύτερο από τις αποδείξεις για να πείσετε.

- **Συμμετοχικό στυλ**. Μόλις η ομάδα σας ενημερωθεί και είναι έτοιμη να κινητοποιηθεί, εμπλέξτε την στις δράσεις και τις αποφάσεις. Αυτό το βήμα σας επιτρέπει να επικεντρωθείτε περισσότερο στις σχέσεις παρά στην κατεύθυνση και τον έλεγχο. Συνεργάζεστε με την ομάδα και θα πρέπει να διαπραγματευτείτε μαζί τους τον καταμερισμό των αρμοδιοτήτων σας για τη λήψη αποφάσεων. Εισέρχεστε σε μια φάση όπου εξουσιοδοτείτε την ομάδα σας να εργάζεται ανεξάρτητα. Ακούτε, συμβουλεύετε και διαπραγματεύεστε.

- **Αντιπροσωπευτικό στυλ**. Συνεχίζετε να μεταφέρετε τις ευθύνες σας. Η αμοιβαία εμπιστοσύνη ενισχύεται από τις θετικές εμπειρίες. Ενισχύετε την ομάδα σας και της δίνετε χώρο να λειτουργεί με δική της πρωτοβουλία. Προσέξτε τι έχετε περάσει και αφήστε τα να πάρουν ρίσκα. Για να παραμείνετε ηγέτης, οι ομάδες σας δεν πρέπει να συμμετέχουν πλήρως στις (μεγάλες) αποφάσεις. Η τακτική βοήθειά σας εκτιμάται πραγματικά από τα μέλη της ομάδας σας. Εάν υπάρχουν δυσκολίες, μην σπάσετε την εμπιστοσύνη και να έχετε κατά νου ότι έχετε και εσείς μερίδιο ευθύνης.

> *"Από την ίδρυσή της, έχω συμβάλει στην επέκταση της EXKI, πρώτα στις Βρυξέλλες, στη συνέχεια στο Παρίσι και τώρα στη Νέα Υόρκη. Για κάθε τοποθεσία, ο ρόλος μου ήταν να δημιουργήσω γρήγορα μια αποτελεσματική ομάδα.*
>
> *"Από την εμπειρία μου, μπόρεσα να διαπιστώσω ότι η καθοδήγηση μιας ομάδας προς την κατεύθυνση της αυτονομίας σημαίνει την ενθάρρυνση της ενδυνάμωσης κάθε μέλους της, ξεκινώντας από τον επικεφαλής της ομάδας. Πρέπει να του παρέχεται όλη η απαραίτητη*

Η ηγεσία αναπτύσσεται μέσω της εμπειρίας. Η ηγεσία δεν είναι έμφυτη, μαθαίνεται. Οι διευθυντές που θέλουν να αναπτύξουν την καριέρα τους πρέπει να αναπτύξουν τις ηγετικές τους ικανότητες.

ΚΟΡΥΦΑΙΕΣ ΣΥΜΒΟΥΛΕΣ

- Δουλέψτε πάνω στη **συναισθηματική** σας **νοημοσύνη**: εξερευνήστε τον εαυτό σας για να γνωρίσετε καλύτερα τον εαυτό σας, να μετρήσετε καλύτερα τις προσπάθειές σας και να εκφράσετε καλύτερα τις επιθυμίες σας- να έχετε πλήρη επίγνωση των άλλων, να τους κατανοείτε και να σχετίζεστε μαζί τους- να ελέγχετε και να εκκενώνετε τις παρορμήσεις και τις διαθέσεις σας που διαταράσσουν τον ορθολογισμό σας (για παράδειγμα, μην χειραγωγείτε τον άλλον και μην τιμωρείτε με θυμό)

 ΣΥΝΑΙΣΘΗΜΑΤΙΚΗ ΝΟΗΜΟΣΥΝΗ

Η συναισθηματική νοημοσύνη αναφέρεται στην ικανότητα να αντιλαμβάνεται κανείς τα δικά του συναισθήματα και τα συναισθήματα των άλλων, να τα γνωρίζει, να τα κατανοεί και να τα αφήνει να εκφράζονται. Τότε καθίσταται δυνατή η ρύθμιση των συναισθημάτων του καθενός, των άλλων και μιας ομάδας. Αυτή η ικανότητα είναι ένα αδιαμφισβήτητο πλεονέκτημα στην επαγγελματική ζωή.

- Έχετε σαφές **όραμα**: κοιτάξτε στο μέλλον, σκεφτείτε σφαιρικά και συλλογικά, εμπνευστείτε και μεταδώστε το όραμά σας. Μεταφράστε την πολυπλοκότητα σε μια σαφή, θετική και φιλόδοξη αποστολή, με πιθανά βήματα και διαθέσιμους πόρους: κάντε το περίπλοκο απλό και εύκολο, ώστε οι άνθρωποι να συμμετάσχουν στον σκοπό σας.

- **Παρακινήστε** τους υπαλλήλους σας. Ανακοινώστε τις εργασίες που πρέπει να γίνουν, ενθαρρύνετε την ανάληψη πρωτοβουλιών και δώστε εποικοδομητική ανατροφοδότηση, ανεξάρτητα από το αποτέλεσμα. Γιορτάστε τις επιτυχίες και διασκεδάστε, ακόμη και στις συναντήσεις: αυτό θα ενισχύσει την αίσθηση του ανήκειν και της υπερηφάνειας στην ομάδα.

- Γίνετε **παράδειγμα** για τους γύρω σας: κάντε αυτό που λέτε ότι θα κάνετε και τηρήστε τις υποσχέσεις σας- συμμετέχετε σε ομαδικά καθήκοντα και αναλάβετε προκλήσεις- παραμείνετε ικανοί και συνεχίστε να αναπτύσσετε τα ταλέντα σας. Θα αποκτήσετε αυτοπεποίθηση και αξιοπιστία.

- Επιδιώξτε την **απόδοση**, για να απελευθερώσετε χρόνο και πόρους που μπορείτε να χρησιμοποιήσετε για να συνεχίσετε να προοδεύετε.

- Μη φοβάστε την **αλλαγή**: προβλέψτε την. Αφιερώστε χρόνο για να σκεφτείτε και να ζητήσετε συμβουλές από τους γύρω σας και αφήστε τον εαυτό σας να πειστεί αν το επιχείρημα είναι έγκυρο. Δοκιμάστε και καινοτομήστε μέχρι να βρείτε καλύτερους τρόπους για την επίτευξη των στόχων σας. Αλλάξτε τις διαδικασίες σας. Εξελίσσεστε παραμένοντας πιστοί στον εαυτό σας.

- Πάρτε **ρίσκα**. Κανείς δεν πετυχαίνει μεγάλα πράγματα χωρίς αποτυχίες. Οι ηγέτες είναι γνωστοί για την ικανότητά τους να ανακάμπτουν, να αποδέχεστε τα λάθη σας και να μαθαίνετε από αυτά.

- Αναπτύξτε τη δύναμη της **πεποίθησής σας**. Να ξέρετε πώς να υποστηρίζετε την υπόθεσή σας ανά πάσα στιγμή. Δείξτε το ταλέντο σας ως ομιλητής για να ενθαρρύνετε, να πείσετε, να (ανα)εκπαιδεύσετε, να διαπραγματευτείτε, να προωθήσετε και να υπερασπιστείτε τις ιδέες σας και την ομάδα σας. Φυσικά, προσαρμοστείτε στο κοινό σας. Βάλτε την καρδιά και τον ενθουσιασμό σας στα λόγια σας. Εκπλήσσομαι!

- Να θυμάστε ότι **η επικοινωνία** έχει να κάνει πρώτα και κύρια με το να ακούτε τις ανάγκες του άλλου. Βεβαιωθείτε ότι έχετε κατανοήσει την άποψή τους επαναδιατυπώνοντας.

ΣΥΧΝΕΣ ΕΡΩΤΗΣΕΙΣ

ΠΟΙΕΣ ΕΙΝΑΙ ΟΙ 12 ΒΑΣΙΚΕΣ ΙΔΙΟΤΗΤΕΣ ΕΝΟΣ ΗΓΕΤΗ;

* Ακεραιότητα

* Ενθουσιασμός

* Χάρισμα

* Παραδειγματικότητα

* Καλή μνήμη

* Όραμα

* Επικοινωνία

* Διάκριση

* Πνεύμα της απόφασης

* Ικανότητα ανάθεσης

* Δυνατότητα χαλάρωσης της ατμόσφαιρας

* Ικανότητα εύρεσης πόρων και αποδοτικής/αποτελεσματικής κινητοποίησής τους

ΜΠΟΡΕΙ ΕΝΑΣ ΔΙΕΥΘΥΝΤΗΣ ΝΑ ΓΙΝΕΙ ΗΓΕΤΗΣ;

Υπάρχουν διευθυντές που δεν δείχνουν ηγετική ικανότητα και που κάνουν τη δουλειά τους πολύ καλά. Δεν χρειάζονται απαραίτητα ηγεσία. Μπορούν να διαχειριστούν τις ομάδες και τις δραστηριότητες για τις οποίες είναι υπεύθυνοι εντυπωσιακά καλά, χωρίς να έχουν καινοτόμες ιδέες, να επηρεάζουν ή να εμπνέουν το προσωπικό τους, ένα έργο που αφήνουν στους ανωτέρους τους. Υπάρχουν εταιρείες που αρκούνται σε επιχειρησιακά στελέχη που δεν επιδιώκουν να ασκήσουν ηγεσία.

Φυσικά, ένας διευθυντής μπορεί να εξελιχθεί σε ηγέτη αφιερώνοντας χρόνο για να εξετάσει τη συναισθηματική πλευρά της διαχείρισης μιας ομάδας και εξασκώντας την ικανότητα να δημιουργεί δέσμευση και ενθουσιασμό στο προσωπικό του. Η ηγεσία είναι κάτι που μπορεί να δουλέψει κανείς και ο καθένας μπορεί να αναπτύξει τις ηγετικές του ικανότητες αν το θέλει.

ΜΠΟΡΕΙ ΕΝΑΣ ΗΓΕΤΗΣ ΝΑ ΓΙΝΕΙ ΔΙΕΥΘΥΝΤΗΣ;

Ναι, αλλά προσέξτε, υπάρχουν ηγέτες που είναι ανίκανοι στη διαχείριση. Δεν έχουν απαραίτητα την αίσθηση της λειτουργικότητας, της συγκεκριμενοποίησης, της οργάνωσης της εργασίας. Ένας ηγέτης μπορεί επομένως να διαπρέψει με τη δύναμη επιρροής και έμπνευσης, μπορεί να είναι ικανός να δώσει νέες προοπτικές στην εταιρεία, χωρίς να είναι αρμόδιος για τη διάρθρωση της εργασίας.

Το να είσαι μάνατζερ και να έχεις ηγετικές ικανότητες είναι επομένως συμπληρωματικές δεξιότητες, είτε μοιράζονται μεταξύ πολλών ατόμων είτε συνδυάζονται σε ένα.

👁 ΓΩΝΙΑ ΤΟΥ ΕΡΓΟΔΟΤΗ

Η ηγεσία είναι απαραίτητη σε έναν οργανισμό. Οι ηγέτες πρέπει να διαθέτουν κοινή λογική, δεξιότητες και να συμβάλλουν στην ανάπτυξη του οργανισμού.

Ωστόσο, προσέξτε τους ανεξέλεγκτους ηγέτες. Πολύ χαρισματικοί και πειστικοί, μπορούν μερικές φορές να οδηγήσουν μια ομάδα σε επικίνδυνες περιοχές. Οι επικεφαλής των ομάδων δεν μπορούν να αφεθούν στην τύχη τους.

ΠΩΣ ΜΠΟΡΩ ΝΑ ΟΙΚΟΔΟΜΗΣΩ ΕΜΠΙΣΤΟΣΥΝΗ ΣΤΗΝ ΟΜΑΔΑ ΜΟΥ;

Δεν μπορείτε να οδηγήσετε μια ομάδα προς έναν στόχο χωρίς να κερδίσετε την εμπιστοσύνη της. Ακολουθούν πέντε διαστάσεις της εμπιστοσύνης που πρέπει να λάβετε υπόψη σας (Schindler και Thomas, 1993).

- Ακεραιότητα: συνέπεια μεταξύ των λόγων και των πράξεων του ηγέτη.

- Επάρκεια: δεξιότητες, γνώσεις και ικανότητα ανάθεσης αρμοδιοτήτων.

- Συνέπεια: συνέπεια στη δράση και την κρίση του ηγέτη.

- Πίστη: πίστη στην αποστολή και αποκλεισμός του καιροσκοπισμού εκ μέρους του ηγέτη.

- Ανοιχτότητα: δυνατότητα για όλους να εκφράζονται χωρίς εξαναγκασμό.

"Η BLUE ANTIDOTE είναι μια νεοφυής επιχείρηση που έχει ως στόχο να εξοπλίσει το δυναμικό πωλήσεων των φαρμακευτικών εταιρειών με εφαρμογές iPad. Αυτές οι εφαρμογές επιτρέπουν στις πωλήσεις να επικοινωνούν καλύτερα την αξία των προϊόντων υγειονομικής περίθαλψης που προσφέρουν.

"Ως εμπνευστής του έργου, περιβάλλομαι από εμπειρογνώμονες με εξειδικευμένα και συμπληρωματικά προφίλ για να δημιουργήσω και να δρομολογήσω ένα πρωτότυπο. Με ενδιέφεραν βασικά οι δεξιότητες του κάθε ατόμου, είτε επρόκειτο για φαρμακευτική είτε για ανάπτυξη λογισμικού. Η ομάδα χτίστηκε γύρω από ένα καινοτόμο έργο.

"Στην αρχή, οι συναντήσεις μας ήταν πολύ έντονες ανταλλαγές με πολλές εξηγήσεις. Όλοι έπρεπε να κατανοήσουν την αποστολή τους. Ο ρόλος μου ήταν να διαχειρίζομαι τον προσανατολισμό όλων. Για το έργο, ήταν ζωτικής σημασίας η οικοδόμηση εμπιστοσύνης εντός της ομάδας, με τους πελάτες και τους συνεργάτες. Έπρεπε να αποδείξουμε ότι λειτουργεί.

"Η νεοσύστατη επιχείρηση αναπτύχθηκε με ρυθμό ανατροφοδότησης και συνεχούς βελτίωσης. Καθώς η νεοσύστατη επιχείρηση αναπτύσσεται, κάθε μέλος της ομάδας γίνεται πιο αυτόνομο. Θα είμαστε σε θέση να αναπτύξουμε νέα έργα".

Augustin Terlinden – ιδρυτής – Blue Antidote

ΠΩΣ ΜΠΟΡΩ ΝΑ ΑΠΟΚΑΤΑΣΤΗΣΩ ΤΟ ΡΟΛΟ ΜΟΥ ΩΣ ΗΓΕΤΗ, ΑΝ ΤΑ ΠΑΙΧΝΙΔΙΑ ΕΞΟΥΣΙΑΣ ΕΧΟΥΝ ΕΠΙΚΡΑΤΗΣΕΙ ΣΤΗΝ ΟΜΑΔΑ ΜΟΥ;

Ως διευθυντής μιας ομάδας με ισχυρές προσωπικότητες, μπορεί να αισθάνεστε ότι βρίσκεστε σε δύσκολη θέση. Προσδιορίστε τι χρειάζεστε για να επανατοποθετηθείτε: εκπαίδευση, καθοδήγηση, ιεραρχική υποστήριξη; Είναι προφανές ότι θα περάσετε από μια διαδικασία ταυτότητας για να ενισχύσετε την ηγεσία σας.

Για να αποκαταστήσετε τουλάχιστον μια ισότιμη σχέση, μη διστάσετε να μιλήσετε στον προϊστάμενό σας. Εναπόκειται στον ηγέτη να βοηθήσει τη διοικητική του ομάδα σε μια σύγκρουση ηγεσίας. Δεν θα πρέπει να υπάρχει καμία αμφιβολία ότι η διοίκηση υποστηρίζει τους ηγέτες των ομάδων της. Αυτό είναι θεμελιώδες. Ο εργαζόμενος, ακόμη και αν είναι αποφασισμένος να χρησιμοποιήσει την ηγετική του ικανότητα, πρέπει να κατανοήσει ότι ο διευθυντής εξακολουθεί να είναι ο ηγέτης.

Βοηθήστε τον στη δουλειά του, αλλά απορρίψτε το παιχνίδι επιρροής του. Μπορείτε επίσης να τον καλέσετε να υποβάλει αίτηση για μια θέση ευθύνης. Η αυτοπεποίθηση θα βοηθήσει. Μην κόβετε τα αναπτυσσόμενα φτερά ενός εργαζομένου. Βοηθήστε τους να αναπτύξουν εποικοδομητικό, ακόμη και επιχειρηματικό πνεύμα. Αναδείξτε ιδέες σε εργαστήρια συλλογικής νοημοσύνης: "η κοινή ηγεσία μπορεί να αποδώσει" (Gibeault, 2012)

ΕΙΝΑΙ Η ΑΣΚΗΣΗ ΗΓΕΣΙΑΣ ΧΕΙΡΙΣΤΙΚΗ;

Η ηγεσία δεν είναι χειραγώγηση. Ο χειριστής θέλει να επιτύχει το δικό του στόχο ασκώντας επιρροή, χωρίς να σέβεται την ελευθερία της σκέψης των άλλων. Η ηγεσία είναι η ικανότητα να επηρεάζεις τους άλλους, ώστε να δέχονται να κινητοποιηθούν για λογαριασμό ενός σκοπού, ενός στόχου, επειδή τον υποστηρίζουν.

Οι άνθρωποι δίνουν στον ηγέτη νόμιμη αναγνώριση. Επιβεβαιώνοντας τον εαυτό του, ο ηγέτης δεν διστάζει να εκφράσει τις επιθυμίες του με πεποίθηση, αλλά χωρίς επιθετικότητα. Ο ηγέτης ακούει, αποδέχεται ότι υπάρχουν απόψεις που διαφέρουν από τις δικές του. Επιδιώκουν να διαχειρίζονται τις συγκρούσεις και μπορούν να ασκήσουν τη διαπραγματευτική τους δύναμη για να βρουν μια σχέση win-win.

ΤΙ ΠΡΕΠΕΙ ΝΑ ΚΑΝΕΙ ΕΝΑΣ ΗΓΕΤΗΣ ΣΕ ΕΝΑΝ ΟΡΓΑΝΙΣΜΟ ΟΠΟΥ Η ΗΓΕΣΙΑ ΔΕΝ ΕΚΤΙΜΑΤΑΙ;

Ξεκινήστε κάνοντας ένα βήμα πίσω και θέτοντας στον εαυτό σας τις σωστές ερωτήσεις: αποδέχεστε την αποστολή σας και τις αξίες της εταιρείας σας; Συμμετέχετε με καθαρή συνείδηση; Ταιριάζει το στυλ ηγεσίας σας με αυτό που περιμένει ο οργανισμός από εσάς; Υπάρχει αμοιβαία εμπιστοσύνη; Σας λείπει η εμπειρία;

Εργαστείτε για να αναπτύξετε όσο το δυνατόν περισσότερο τις επαγγελματικές και προσωπικές σας δεξιότητες, και αν δεν σας ανοίγονται πόρτες, αν δεν βρίσκετε ικανοποίηση στην εργασία σας, ίσως είναι καλύτερα να βρείτε μια εταιρεία που ταιριάζει καλύτερα στην προσωπικότητά σας. Και γιατί να μην δημιουργήσετε τη δική σας δουλειά;

ΑΠΟ ΕΣΑΣ ΕΞΑΡΤΑΤΑΙ!

Ακολουθεί μια μέθοδος έξι βημάτων και συμβουλές για την ανάπτυξη της καριέρας σας στις επιχειρήσεις και τη μετάβαση από τον διευθυντή στον ηγέτη (Ram Charan και Stephen Drotter, 2010).

1. Δεν μπορεί κανείς να γίνει μάνατζερ χωρίς πρώτα να ξέρει πώς να διαχειρίζεται τον εαυτό του. Αυτό ξεκινά με το να κάνετε ένα βήμα πίσω για να εξετάσετε τον εαυτό σας, προκειμένου να βελτιώσετε τις προσωπικές και επαγγελματικές σας δεξιότητες. Ανακαλύψτε τον εαυτό σας διαχειριζόμενοι έργα, αλλά μην μένετε μόνο στον επιχειρησιακό στίβο. Ρωτήστε τον εαυτό σας συχνά: "Γιατί το κάνω αυτό;", "Το κάνω σωστά;" και "Πώς μπορώ να το κάνω καλύτερα;".

👁 ΓΙΑ ΝΑ ΚΑΝΕΤΕ

Μάθετε πώς να μεταβείτε από αποτελεσματικός συνεργάτης σε μάνατζερ. Θα μάθετε πώς να κατανέμετε αρμοδιότητες σε κάθε μέλος της ομάδας έργου σας.

2. Το δεύτερο βήμα είναι η διαχείριση των άλλων, δίνοντάς τους στόχους και μέσα. Μάθετε να αξιολογείτε την ομάδα σας, να δίνετε ανατροφοδότηση και να την ενθαρρύνετε να βελτιώνεται.

👁 ΓΙΑ ΝΑ ΚΑΝΕΤΕ

Εκτίμηση των δυσκολιών και των πόρων. Διαχείριση παιχνιδιών εξουσίας (επιρροή ομάδων και συνασπισμών).

3. Θα κάνετε ένα μεγάλο βήμα προς τα εμπρός αν μάθετε να διαχειρίζεστε τους διευθυντές. Αφήνετε την επιχειρησιακή πλευρά και εισέρχεστε σε έναν λειτουργικό ρόλο. Μαθαίνετε να θέτετε στόχους που απέχουν πολύ από το πεδίο και να διαχειρίζεστε μια σχέση μεταξύ των ηγετών των ομάδων. Η ηγεσία σας θα δοκιμαστεί.

👁 ΓΙΑ ΝΑ ΚΑΝΕΤΕ

Ενισχύστε τις κοινωνικές σας σχέσεις, επικεντρωθείτε περισσότερο στην οικονομική διαχείριση και την υποβολή εκθέσεων.

4. Γίνετε καλός λειτουργικός διευθυντής αναλαμβάνοντας την ευθύνη ενός τμήματος. Ενοποιήστε τις δεξιότητές σας στη διαχείριση των ανθρώπων και του προϋπολογισμού, διαπρέποντας στη διαχείριση στρατηγικών δεδομένων.

👁 ΓΙΑ ΝΑ ΚΑΝΕΤΕ

Κατανοήστε το περιβάλλον σας από το Α έως το Ω. Καθορίστε ένα όραμα. Ανεβάστε την ομάδα σας στο επόμενο επίπεδο αναπτύσσοντας τα ταλέντα των ανθρώπων σας. Βρείτε πρόσθετους πόρους και αποτελεσματικές διαδικασίες. Μετατρέψτε την ομάδα σας σε μια ισχυρή, ενεργή ομάδα που είναι έτοιμη να σας ακολουθήσει. Όλα έχουν να κάνουν με την αμοιβαία εμπιστοσύνη που έχετε χτίσει μαζί.

5. Δεύτερον, είστε ο διευθυντής ενός τμήματος. Επιδεικνύετε την ικανότητά σας να διαχειρίζεστε ταυτόχρονα πολλούς οργανισμούς. Γίνεστε ακόμη πιο σημαντικός στρατηγικός παίκτης.

 ΓΙΑ ΝΑ ΚΑΝΕΤΕ

Μείνετε πιστοί στον εαυτό σας, στο όραμά σας και στις αξίες σας. Κάντε ένα βήμα πίσω για να καλλιεργήσετε τις κοινωνικές σας σχέσεις τόσο σε επαγγελματικό όσο και σε προσωπικό επίπεδο, να διαχειριστείτε το άγχος και να καλλιεργήσετε το όραμά σας. Δώστε προσοχή στα μεγάλα θέματα και στα ηθικά ζητήματα.

6. Τέλος, ο διευθυντής. Με βάση την εμπιστοσύνη, η ηγεσία σας θέτει τη διοικητική σας ομάδα επικεφαλής της λειτουργίας του οργανισμού σας. Στο χέρι σας είναι να δώσετε τις κύριες κατευθύνσεις με γνώμονα το όραμά σας και τις αξίες σας που γνωρίζει η ομάδα σας.

 ΓΙΑ ΝΑ ΚΑΝΕΤΕ

Κρατήστε την επικοινωνία σας σαφή και πιστή στις αρχές σας, παραμείνετε αισιόδοξοι και διατηρήστε χρόνο και ενέργεια για να ενθαρρύνετε τους ανθρώπους σας να κάνουν αλλαγές. Να παρακολουθείτε το περιβάλλον σας και, αν χρειαστεί, να είστε έτοιμοι να ταρακουνήσετε τα πράγματα, έχοντας δημιουργήσει ένα δίκτυο υποστήριξης έτοιμο να κινητοποιηθεί για το όραμά σας.

Η καριέρα χτίζεται με την εμπειρία. Η απόκτηση ηγετικών ικανοτήτων μπορεί να γίνει μόνο αν αφήσετε τη ζώνη άνεσής σας και δοκιμάσετε νέες προκλήσεις με όλο και περισσότερες ευθύνες.

ΓΙΑ ΝΑ ΠΡΟΧΩΡΗΣΕΤΕ ΠΕΡΑΙΤΕΡΩ

ΒΙΒΛΙΟΓΡΑΦΙΚΕΣ ΠΗΓΕΣ

BAR-ON (Reuven), "The Bar-On model of emotional-social intelligence (ESI)", στο *Psicothema*, 18, supl. , 2006, p. 13-25.

BLAKE (Robert.) και MOUTON (Jane), *The Third Dimension of Management*, Παρίσι, Éditions d'Organisation, 1987.

CHARAN (Ram), DROTTER (Stephen) και NOEL (James), *The Leadership Pipeline: How to Build the Leadership Powered Company*, San Francisco, Jossey-Bass, 2011.

GETZ (Isaac) και CARNEY (Brian M.*), Freedom & Co: When Employee Freedom Makes Companies Happy*, Paris, Fayard. 2012.

GIBEAULT (Diane), "Open Forum – Encouraging Shared Leadership and Accountability", στο *Open Forum White Paper*, Παρίσι, Christine Koehler, 2012, σ. 13-17.

http://www.forum-ouvert.fr

HERSEY (Paul) και BLANCHARD (Kenneth H.), *Management of Organizational Behavior: Utilizing Human Resources*, Englewood Cliffs, NJ, Prentice Hall, 1977.

KOTTER (John P.), "What is leadership?", στο *Harvard Business Review. Le leadership*, Παρίσι, Éditions d'Organisation, 1999, σ. 40-61.

KOUZES (James M.) και POSNER (Barry), *The leadership Challenge: How to make extraordinary things happen in Organizations*, 5η έκδοση, San Francisco, Jossey-Bass, 2012.

HUMAN RESOURCES DEPARTMENT, *Management and Leadership Principles at Nestlé*, Vevey, Ελβετία, Nestlé, 2009.

http://www.nestle.ch/asset-library/documents/jobs/
managementleadershp_fr.pdf

SCHINDLER (Paul L.) και THOMAS (Cher C.), "The structure of interpersonal trust in the workplace", στο *Psychological Reports*, 73(2), 1993, σ. 563-573.

VRIES (Manfred F.R. Kets de), "Archetypes of leadership and the management team", στο *Gestion*, τόμος 33, σ. 48-60, 2008.

ZALEZNIK (Abraham), "Managers and leaders, how are they different", στο *Harvard Business Review. Le leadership*, Παρίσι, Éditions d'Organisation, 1999, σ. 62-87.

ΠΡΟΣΘΕΤΕΣ ΠΗΓΕΣ

CHERRET DE LA BOISSIERE (Anne), *Leadership au masculin et au féminin. Le management aux valeurs mixtes: l'avenir de l'entreprise*, Παρίσι, Dunod, 2009.

DEERING (Anne) και ROBERT (Dilts), *Alpha Leadership. Τα 3 A: Πρόβλεψη, Ευθυγράμμιση, Δράση*, Louvain-la-Neuve/Paris, De Boeck, 2009.

DULUC (Alain), *Leadership et confiance. Jouer collectif, parler vrai, être humain*, 3ᵉ edition, Paris, Dunod, 2013.

KOTSOU (Ilios), *Emotional intelligence and management: Understanding and using the power of emotions*, Louvain-la-Neuve/Paris, De Boeck, 2012.

MAXWELL (John-C.), *Ηγεσία, 101 βασικές αρχές. Τι πρέπει να γνωρίζει κάθε ηγέτης*, Κεμπέκ, A Different World, 2004.

ROBERT (Dilts), *Οραματική ηγεσία. Tools and skills for successful change through NLP*, Louvain-la-Neuve/Paris, De Boeck, 2009.

TESTA (Jean-Pierre), LAFARGUE (Jérôme) και TILHET-COARTET (Virginie), *La Boîte à outils du Leadership*, Παρίσι, Dunod, 2013.

Ο εκδότης διασφαλίζει την αξιοπιστία των πληροφοριών που δημοσιεύονται, η οποία όμως δεν μπορεί να αποτελέσει ευθύνη του.

Κύριο ISBN: 9782808664431
ISBN: 9782808671859
Νόμιμη κατάθεση: D/2023/12603/507

Ψηφιακός σχεδιασμός: Primento,
ο ψηφιακός συνεργάτης των εκδοτών.

www.ingramcontent.com/pod-product-compliance
Lightning Source LLC
LaVergne TN
LVHW010837200726
843508LV00012B/2636